Commentaire

Par Claudie Hamel

Éléments de philosophie

Note sur l'inconscient

Alain

LePetitPhilosophe.fr

ALAIN

- **Né en 1868 à Mortagne-au-Perche (Normandie)**
- **Décédé en 1951 au Vésinet (Île-de-France)**
- **Quelques-unes de ses œuvres :**
  - *Propos* (1908-1920), chronique
  - *Mars, ou la Guerre jugée* (1921), pamphlet
  - *Éléments de philosophie* (1941), essai

Profondément marqué par l'enseignement de Jules Lagneau (1851-1894), son professeur de philosophie au lycée, Alain, de son vrai nom Émile Chartier, choisit d'étudier la philosophie. Reçu à l'agrégation de philosophie en 1892, il consacre dès lors sa vie à l'enseignement. Parallèlement à cela, il s'exerce au journalisme, et en 1903 crée la forme littéraire des « propos », chroniques hebdomadaires, puis quotidiennes, adressées à l'ensemble de la population et portant sur des sujets divers. La Première Guerre mondiale (1914-1918) le fait brigadier d'artillerie, une expérience qui renforce ses convictions pacifistes exprimées à travers un pamphlet intitulé *Mars, ou la Guerre jugée* (1921).

Alain n'adhère à aucun système philosophique en particulier. Il forme ses étudiants à faire usage de leur raison en leur transmettant sa théorie de la perception. Sa pensée, inspirée de Platon (vers 427-348/347 av. J.-C.), René Descartes (1596-1650), Emmanuel Kant (1724-1804) et Auguste Comte (1798-1857), s'occupe surtout d'éthique, de politique et de théorie de la connaissance, se construisant autour de deux thèmes principaux : la perception et les passions.

LES ÉLÉMENTS DE PHILOSOPHIE

UNE PHILOSOPHIE DE L'ESPRIT

Les *Éléments de philosophie* (1941) ont été composés à partir des cours dispensés par Alain. Il s'agit d'un traité reprenant la conception la plus commune de la philosophie vue comme l'« évaluation exacte des biens et des maux ayant pour effet de régler les désirs, les ambitions, les craintes et les regrets » (p. 21). Cette évaluation implique la connaissance des êtres et des choses, un savoir fondé sur le jugement individuel et auquel seul accède l'esprit qui perçoit justement.

Cet ouvrage qui se divise en sept livres contient l'essentiel de la philosophie d'Alain. Il expose également ses réflexions sur la psychologie et la sociologie, ainsi que sur le rôle des sciences dans la connaissance du monde et des hommes.

MISE EN CONTEXTE

L'ESPRIT TRIOMPHE DE L'IMAGINATION

Publiés en 1941, les *Éléments de philosophie* reprennent les *Quatre-vingt-un Chapitres sur l'esprit et les passions* qu'Alain a fait paraitre en 1916. L'ouvrage initial et sa réédition sont donc élaborés **au plus fort des deux guerres mondiales** : une époque d'obscurité et de destruction inouïe qui marque l'existence et la pensée du philosophe.

Il fait en effet de cette expérience le sujet d'un questionnement philosophique, réfléchissant aux conditions des **atrocités que les hommes sont capables de commettre**. Selon lui, elles sont le **fruit de l'imagination et de la passion**, et donc **d'erreurs d'interprétation et de jugement**. La nécessité et la fatalité qu'elles font s'abattre sur le monde n'exprimeraient aucune volonté qui nous serait supérieure, échappant à notre faculté de comprendre et à notre raison, mais une volonté projetée.

La pensée d'Alain cultive une **opposition fondamentale entre** :

- **d'une part, l'imagination**, qui, lorsqu'elle ne sert pas à la création d'objets d'art, alimente les rêves, les illusions et les désirs. Elle contrevient à la liberté individuelle en ce qu'elle **maintient les hommes captifs de sentiments qu'ils ne comprennent ni ne contrôlent**. Ces sentiments, et les fantasmes qui les nourrissent, **influencent les passions, les opinions et les croyances**. Par exemple, le fantasme qu'une volonté extérieure aux hommes leur imposerait, en s'accomplissant, d'inexorables souffrances, provoque un sentiment de peur susceptible de pousser les hommes à agir les uns contre les autres, voire contre eux-mêmes ;

- **d'autre part, l'entendement**, qui est cette **faculté grâce à laquelle les hommes accèdent à une juste perception de la réalité**, c'est-à-dire à la compréhension des éléments particuliers qui la composent ainsi que de leur cohérence d'ensemble. Selon Alain, ce qui s'offre immédiatement à notre perception, l'apparence des choses, est l'objet de l'entendement qui met le monde en ordre en en dégageant les lois. L'entendement, ou esprit, entretient donc un rapport rationnel et objectif avec la réalité. Prenons l'exemple célèbre du dé : il se présente d'abord comme un ensemble de surfaces et d'arêtes mais, à travers les lois de la géométrie conçues par l'entendement, il est ensuite perçu comme un cube.

L'imagination invente les esprits, ces fantasmes – ou fantômes – qui affolent et oppriment l'homme qui, par son esprit, donc par la volonté que manifeste l'activité de son entendement, peut (et doit) les comprendre pour les démasquer. Car pour Alain, nos désirs, nos opinions, nos croyances et même nos erreurs « sont toutes des pensées » (*Éléments de philosophie*, p. 154) ; les sentiments et les passions qui les fondent sont pour la raison des objets dont elle sonde les causes, comme l'entendement saisit le dé d'après son idée universelle de ce qu'est le cube. Bien percevoir consiste donc toujours à rectifier la pensée menant à l'erreur grâce au jugement, qui extrait l'imaginaire des choses et des êtres.

LE MÉCANISME

Le commentaire qui suit traite de la *Note sur l'inconscient* du chapitre 16, intitulé *Du mécanisme*, qui conclut le deuxième livre (*L'Expérience méthodique*). Le premier livre (*De la connaissance par les sens*), ayant examiné les sens et **la perception, statue que la perception est toujours une action de l'esprit qui guide la sensation en faisant de toutes choses autant de pensées**. Le deuxième livre porte sur **l'entendement**, c'est-à-**dire sur l'organisation rationnelle, conceptuelle et scientifique des objets de la perception**.

Les livres suivants analysent respectivement :

- le langage (livre 3, De la connaissance discursive) ;
- les modalités de l'action (livre 4, De l'action), c'est-à-dire le jugement et la volonté ;
- les passions (livre 5, Des passions) ;
- les vertus (livre 6, Des vertus) ;
- et les cérémonies (livre 7, Des cérémonies), c'est-à-dire les mœurs et les institutions.

Alain définit le « **mécanisme** » comme la « **doctrine de l'univers d'après laquelle tous les changements sont des mouvements** » (p. 151). Les premiers systèmes issus de cette doctrine, ceux des atomistes, sont considérés par le philosophe comme les produits d'« une volonté fermement tendue contre les passions, les miracles, les prophètes et les dieux » (p. 152). Parce que les lois sur lesquelles ils se fondent sont les représentations d'un esprit qui perçoit

clairement le monde, elles sont les créations de l'entendement qui les pose en expérimentant la nature. « Le monde
n'est point donné avant les lois ; il devient monde et objet à
mesure que ses lois se découvrent », affirme Alain (p. 108).
Les mouvements qu'expliquent les lois sont donc une
construction de l'esprit que la nature ne fait que confirmer.
Le mécanisme, selon Alain, est ainsi la *preuve de la liberté*
en ce qu'à travers lui c'est l'esprit qui conçoit le monde au
lieu d'en subir les forces occultes car inexpliquées. En effet,
« devant le feu follet, l'un dit âme des morts, et l'autre dit
hydrogène sulfuré » (p. 110).

BON À SAVOIR : LES ATOMISTES

Les atomistes sont les adeptes de l'atomisme, une
doctrine philosophique née en Grèce antique vers le
Ve siècle av. J.-C. qui affirme que la matière, l'univers
et ses corps sensibles sont composés d'atomes. Les
atomes sont alors définis comme des éléments de matière absolument indivisibles, si petits qu'ils ne peuvent
être perçus séparément. Selon Démocrite (vers 460-
vers 370 av. J.-C.), l'un des principaux atomistes avec
Leucippe (Ve siècle av. J.-C.), Épicure (341-270 av J.-C.)
et Lucrèce (98-vers 65 av. J.-C.), ils sont éternels, inva-
riables et homogènes.

TEXTE

NOTE SUR L'INCONSCIENT

Il y a de la difficulté sur le terme d'inconscient[1]. Le principal est de comprendre comment la psychologie a imaginé ce personnage mythologique. Il est clair que le mécanisme échappe à la conscience, et lui fournit des résultats (par exemple, j'ai peur) sans aucune notion des causes. En ce sens la nature humaine est inconsciente autant que l'instinct animal et par les mêmes causes. On ne dit point que l'instinct est inconscient. Pourquoi ? Parce qu'il n'y a point de conscience animale devant laquelle l'instinct produise ses effets. L'inconscient est un effet de contraste dans la conscience. On dit à un anxieux : « Vous avez peur », ce dont il n'a même pas l'idée ; il sent alors en lui un autre être qui est bien lui et qu'il trouve tout fait. Un caractère, en ce sens, est inconscient. Un homme regarde s'il tremble afin de savoir s'il a peur. Ajax[2], dans l'*Iliade*, se dit : « Voilà mes jambes qui

---

1. Dans ce texte, le terme d'« inconscient » renvoie à la notion développée à la fin du XIXe siècle par la psychanalyse – une méthode d'investigation des processus psychiques qui vise à atteindre le contenu de l'inconscient – qui désigne ce qui échappe entièrement à la conscience. L'inconscient est composé de tout ce que le sujet refoule, des sentiments ou des désirs qu'il repousse de sa conscience et qui lui sont donc imperceptibles. On attribue généralement à Sigmund Freud (1856-1939), inventeur de la psychanalyse, la découverte de l'inconscient, quoique ce dernier soit de source plus ancienne.
2. Ajax est l'un des héros de la guerre de Troie racontée dans l'*Iliade*, poème attribué à Homère (VIIIe siècle av. J.-C.). Dans un moment de folie, croyant tuer des chefs de guerre grecs, il massacra un

me poussent ! Sûrement un dieu me conduit ! » Si je ne crois pas à un tel dieu, il faut alors que je croie à un monstre caché en moi. En fait l'homme s'habitue à avoir un corps et des instincts. Le psychiatre contrarie cette heureuse disposition ; il invente le monstre ; il le révèle à celui qui en est habité. Le *freudisme*[3], si fameux, est un art d'inventer en chaque homme un animal redoutable, d'après des signes tout à fait ordinaires ; les rêves sont de tels signes ; les hommes ont toujours interprété leurs rêves, d'où un symbolisme[4] facile. Freud se plaisait à montrer que ce symbolisme facile nous trompe et que nos symboles sont tout ce qu'il y a d'indirect. Les choses du sexe échappent évidemment à la volonté et à la prévision ; ce sont des crimes de soi, auxquels on assiste. On devine par là que ce genre d'instinct offrait une riche interprétation. L'homme est obscur à lui-même ; cela est à savoir. Seulement il faut éviter ici plusieurs erreurs que fonde le terme d'*inconscient*. La plus grave de ces erreurs est de croire que l'inconscient est un autre Moi[5] ; un Moi qui a ses préjugés, ses passions et ses ruses ; une sorte de mauvais ange, diabolique conseiller. Contre quoi il faut comprendre qu'il n'y a point de pensées en nous sinon par l'unique sujet, Je ; cette remarque est d'ordre moral. Il ne faut pas se dire qu'en rêvant on se met à penser. Il faut savoir que

---

troupeau de moutons. Revenu à lui-même, il ne put supporter son erreur et se suicida.

3. Le freudisme est « l'ensemble des théories et des méthodes psychanalytiques de Freud et de ses disciples » (*Le Petit Robert*).

4. Le symbolisme consiste en l'utilisation de symboles servant à interpréter un évènement, une parole, une action.

5. Le Moi est la conscience individuelle, conscience de soi, de sa personne. Souvent il désigne la même chose que le Je, mais comme une entité indépendante alors que le Je est toujours sujet.

la pensée est volontaire ; tel est le principe des remords :
« Tu l'as bien voulu ! » On dissoudrait ces fantômes en se
disant simplement que tout ce qui n'est point pensée est
mécanisme, ou encore mieux, que ce qui n'est point pensée
est corps, c'est-à-dire chose soumise à ma volonté ; chose
dont je réponds. Tel est le principe du scrupule. Un mora-
liste comme Lagneau[6] n'a pas bonne opinion de son corps,
et il réforme son corps par volonté en domptant le geste et
l'émotion. Il se dit : « Ce n'est rien ; c'est un frémissement
d'esprit animaux, à quoi je ne consentirai point. »

L'inconscient est donc une manière de donner dignité à son
propre corps ; de le traiter comme un semblable ; comme
un esclave reçu en héritage et dont il faut s'arranger.
L'inconscient est une méprise sur le Moi, c'est une idolâtrie
du corps. On a peur de son inconscient ; là se trouve logée
la faute capitale. Un autre Moi me conduit qui me connaît
et que je connais mal. L'hérédité est un fantôme du même
genre. « Voilà mon père qui se réveille ; voilà celui qui me
conduit. Je suis par lui possédé. » Tel est le texte des affreux
remords de l'enfance ; de l'enfance, qui ne peut porter ce
fardeau ; de l'enfance, qui ne peut jurer ni promettre ; de
l'enfance, qui n'a pas foi en soi, mais au contraire terreur
de soi. On s'amuse à faire le fou. Tel est le jeu dangereux.
On voit que toute l'erreur ici consiste à gonfler un terme
technique, qui n'est qu'un genre de folie. La vertu de l'en-

---

6. Jules Lagneau (1851-1894) fut le professeur d'Alain et son maitre
à penser. Se penchant sur la perception, Lagneau développa la
méthode réflexive qui consiste, pour le sujet, à connaitre le monde
à partir de soi-même. Il croit en l'adéquation entre l'intériorité
psychologique du sujet et l'univers physique qui lui est extérieur.

fance est une simplicité qui fuit de telles pensées, qui se fie à l'ange gardien, à l'esprit du père ; le génie de l'enfance, c'est de se fier à l'esprit du père par une piété rétrospective. « Qu'aurait fait le père ? Qu'aurait-il dit ? » Telle est la prière de l'enfance. Encore faut-il apprendre à ne pas croire trop à cette hérédité, qui est un type d'idée creuse ; c'est croire qu'une même vie va recommencer. Au contraire, vertu, c'est se dépouiller de cette vie prétendue, c'est partir de zéro. « Rien ne m'engage » ; « Rien ne me force ». « Je pense, donc je suis. » Cette démarche est un recommencement. Je veux ce que je pense, et rien de plus. La plus ancienne forme d'idolâtrie, nous la tenons ici ; c'est le culte de l'ancêtre, mais non purifié par l'amour. « Ce qu'il méritait d'être, moi je le serai. » Telle est la piété filiale.

En somme, il n'y a pas d'inconvénient à employer couramment le terme d'inconscient ; c'est un abrégé du mécanisme. Mais, si on le grossit, alors commence l'erreur ; et, bien pis, c'est une faute.

ALAIN, *Éléments de philosophie*, Paris, Gallimard, 1941, p. 154-156.

EXPLICATION ET ANALYSE DU TEXTE

L'INCONSCIENT PERÇU COMME MÉCANISME

L'inconscient, « ce qui n'est point pensée »

L'erreur à ne pas faire lorsqu'il s'agit de traiter de l'inconscient est de croire qu'il est un « autre Moi ». Pour Alain, la psychiatrie, qui fait un tel usage du terme, introduit un étranger dans la personne alors que **l'inconscient ne désigne véritablement que le corps et ses passions**. C'est parce que ses désirs le rendent imprévisible que le corps se fait sentir comme s'il était une entité en soi, autonome et indépendante, avec sa volonté propre. Or c'est une erreur que de confondre cette sensation d'étrangeté avec un étranger réel qui assujettirait le moi. Pour Alain, ce qui se nomme inconscient et qui cohabite avec le moi n'est pas une force mystérieuse et insondable, mais simplement « **ce qui n'est point pensée** ». Alain affirme que « ce qui n'est point pensée est corps » ou que « ce qui n'est point pensée est **mécanisme** », ce qui revient à dire que le corps est un mécanisme, une « chose soumise à ma volonté ; chose dont je réponds ».

L'esprit et le corps, les deux causes

Je (ma conscience et mon être) **réponds de mon corps car j'en suis la volonté**. Autrement dit **je suis l'agent dont il est l'objet**. Cette distinction se calque sur la distinction classique entre cause première et cause seconde :

- la cause première produit un effet, elle en est l'origine

avant laquelle n'existe aucune autre cause. **L'esprit, le sujet, est cause première**. Il est le libre vouloir qui pense, qui organise et qui comprend, c'est-à-dire qu'il est sa propre détermination ;

* la cause seconde est le produit d'une autre cause. Elle peut aussi produire un effet, mais en tant qu'elle est elle-même l'effet d'une autre cause, et ainsi de suite jusqu'à l'origine, qui est la cause première. **Le corps, l'objet, est cause seconde**. Il est déterminé par une autre cause extérieure.

Croire que le corps est une entité indépendante en moi et de moi, c'est le doter d'une volonté et d'une essence qu'il n'a pas. Ce serait comme, par exemple, croire que l'or porte en lui-même la valeur et le pouvoir que lui accordent les hommes. Il s'agit dans les deux cas d'idolâtrie et de fétichisme, de **l'œuvre de l'imagination qui prend pour cause première une cause seconde**. Tant que je prends l'inconscient pour un autre sujet en moi, il demeure cet étranger, cette opacité qui m'occupe et me divise, me sépare effectivement de moi-même, et de laquelle s'échappent toutes sortes d'« esprits », c'est-à-dire de fantômes et de fantasmes, qui assiègent mon âme.

Or l'inconscient ou, pour Alain, **le corps**, de même que ce que l'on désigne généralement par le terme d'instinct, **ne doit pas me rester inconnu**. Il est **indivisible de ma personne**, non pas dans le sens d'un autre être en moi qui me pousse à désirer et à faire certaines choses dépassant ma volonté, mais comme **un mécanisme actif à l'intérieur de moi que je dois comprendre et soumettre à mon**

libre vouloir. Car toute la volonté est contenue dans le Je, comme l'explique Alain, reprenant Descartes (1596-1650) : **toutes les pensées sont l'œuvre d'un seul Moi**, d'une seule conscience, et ne lui échappe que ce qui n'est pas pensée. Le corps étant une mécanique, l'homme peut ainsi grâce à l'effort des exercices physiques et d'habileté – et donc par l'habitude et la répétition – en dompter et en orienter les forces, à l'image d'un gymnaste. Quant aux désirs qui émergent en lui, s'il n'est pas toujours possible de les empêcher, il est toutefois nécessaire de les comprendre ; cela constitue déjà une émancipation. Car de la même manière que l'or ne génère pas de lui-même sa propre valeur ou encore que la pierre ne contient pas sa pesanteur, qui est une loi décrivant une cause extérieure, les désirs et les passions émergeant du corps dépendent aussi d'une certaine perception. Le sommeil, par exemple, constitue pour Alain un état de non vigilance de l'esprit qui ne peut de ce fait se fier aux images évoquées par ses rêves, car un esprit inactif perçoit de manière incorrecte ; voilà pourquoi, « au souvenir d'un rêve, l'un dit message des dieux, et l'autre dit perception incomplète d'après les mouvements du corps humain » (p. 110).

LA THÉORIE DE LA PERCEPTION

Le jugement

Pour Alain, **la perception est une fonction de l'entendement**, le geste d'un esprit volontaire. **Percevoir une chose**, ce n'est pas la recevoir de façon passive, mais en ordonner les apparences, c'est-à-dire **la saisir, par-delà la sensation, à travers les lois qui la déterminent**, à l'image de ce dé que je perçois en tant qu'il est cube grâce aux lois de la géométrie : il devient pour moi un objet unifié et non plus un ensemble de surfaces, de points et d'arêtes. Mais pour bien le percevoir, l'esprit doit connaitre la loi. La perception est une recherche et les lois sont les formes, comme des outils, à travers lesquelles l'esprit s'explique le monde. Voilà pourquoi Alain affirme que l'entendement fait de toute chose une idée et une pensée. Selon lui, « il y a conformité, naturellement, entre les conditions extérieures et la vie elle-même, et enfin la pensée que nous y trouvons si étroitement jointe » (p. 142). Autrement dit, il y a harmonie entre le monde et les formes que produit l'esprit qui se le représente. La loi est donc à la fois générée par le monde et découverte par l'entendement ; elle est le chemin que parcourt l'esprit à travers les choses et par lequel il en fait ses objets.

La loi démontre donc la correspondance entre la structure de l'esprit, son mode d'organisation, et le monde. Elle montre aussi que **la perception est déjà structurée par l'entendement**, comme la vision, par exemple, détermine le fonctionnement de l'œil. Percevoir clairement une chose signifie donc de savoir juger **d'après les lois** et, de ce fait, que la perception vraie **implique toujours une réelle connaissance du monde**.

Toutefois, pour Alain, **la loi et les apparences ne s'opposent pas** : la première les contient, les « redresse », les explique, elle ne les réfute pas à proprement parler. Les apparences ne sont pas fausses en soi, elles ne représentent qu'un stade, un moment de la perception, ou encore une perception incomplète. **Il oppose plutôt la perception juste à la fausse perception, ou perception erronée, dans**

la mesure où celle-ci est produite par l'imagination qui génère des fantasmes et alimente les sentiments, les désirs et les passions. L'esprit assailli est alors détourné des choses et ne les atteint pas. Ce sont les choses elles-mêmes qui, déformées en toutes sortes de créatures et d'étranges puissances, l'affectent, l'empêchant de se percevoir correctement lui-même ainsi que le monde. **La fausse perception, fondée sur l'absence de jugement, mène à l'erreur**.

Le signe

Or même l'erreur est une pensée, et elle peut donc à ce titre être sondée jusqu'à l'idée qui la fonde. Alain affirme que **les sentiments et les passions ont aussi une origine sociale** dans la mesure où le rapport de l'homme au monde est fait de l'expérience et de la perception passées et actuelles des autres hommes. Cette expérience commune s'exprime par les signes qui nomment et qualifient tout ce qui existe. « Sans aucun doute tout homme a connu des signes avant de connaître des choses. Disons même plus ; disons qu'il a usé des signes avant de les comprendre. » (p. 111) Les signes sont toute communication, un geste, un mot, un pleur qui accompagne la naissance de l'homme et son développement. Car, pour Alain, « l'homme de la nature, qui va tout seul à la chose, et sans connaître aucun signe, sans en essayer aucun, c'est un être fantastique, qui n'est jamais né » (p. 111).

« [...] Nous allons donc aux choses armés de signes [...] (p. 110). Ainsi, toute idée n'est point d'un seul homme mais est une *idée humaine que nous suivons et redressons* par l'analyse et l'examen, pour reprendre les mots d'Alain. Cela implique pour l'esprit de saisir la relation des hommes aux choses que contiennent les objets (ceux de l'imagination inclus). Car le signe manifeste **le sens que porte toute chose pour l'ensemble de la société ; étant l'intermédiaire entre le sujet et le monde, il en marque à priori l'expérience. Le signe, qui se réfère donc aux choses ainsi qu'à la manière qu'ont les hommes de les percevoir, peut être bon ou mauvais.**

L'éducation révèle les signes qui permettent aux sujets de s'orienter dans le monde. Percevoir c'est précisément être dans le monde, **s'y situer en fonction du sens dont j'ai été informé et grâce auquel je me forme un jugement** sur ce qui m'entoure et m'affecte. **Les différents types de langages** et de discours (scientifique, religieux, moral etc.) **introduisent en moi des idées** sur toute chose qu'il est possible de laisser intactes, en y croyant, ou de corriger, en les vérifiant. Pour Alain, la connaissance des signes ouvre la conscience au fait que **le sens n'est pas immuable**, mais qu'il résulte et parle d'un rapport transformable.

La liberté

En affirmant que l'homme n'atteint jamais la chose qu'à travers le signe, Alain avance que **le langage précède l'expérience**. Et puisque le langage se construit à partir de rapports sociaux – par la transmission des signes qui portent l'expérience passée et actuelle d'un ensemble d'hommes – et non sur une vérité immuable, alors **le sens qu'il exprime est susceptible de se transformer**. « Le développement, à la bonne heure ; mais l'origine, non. » (p. 111) Pour Alain, le développement consiste à apprendre les signes pour atteindre les choses, tout en les vérifiant par sa propre expérience. Ainsi l'expérience ne dévoile pas l'essence une ni la vérité originelle du monde, elle consiste au contraire en la mise en examen des signes, des idées et de la pensée qui toujours circule entre les hommes. De même, l'entendement qui ordonne et structure les objets est créateur de la loi qu'il reçoit du monde, comme la preuve qu'il le perçoit clairement. En ce sens, la loi précède aussi l'expérience.

Selon Alain, la loi qui règle l'ensemble d'un mécanisme peut être modifiée lorsque le mécanisme change. Car pour lui, le mécanisme demeure une hypothèse que l'entendement peut et doit mettre à l'épreuve. En ce sens, **la liberté** se comprend ici comme **la possibilité même de pouvoir à tout moment, examiner et redresser les idées** qui fondent l'hypothèse, et de ce fait, émettre perpétuellement de nouvelles hypothèses. Or, puisque **l'inconscient est mécanisme, il est donc une hypothèse que les sujets se doivent de vérifier** et de comprendre pour pouvoir transformer le sens qu'il a pour les hommes et ses effets sur leurs existences.

L'INCONSCIENT PSYCHANALYTIQUE, UN MONSTRE MYTHOLOGIQUE

L'inconscient est une invention de la psychiatrie. Alain le qualifie de ***personnage mythologique*** dans la mesure où il apparait aux hommes comme un **monstre**, ou une sorte de **mauvais ange, de diabolique conseiller**, qui, **hantant le moi de ses préjugés, ses passions et ses ruses, le ferait agir, sentir et penser à son insu**, c'est-à-dire sans qu'il ne comprenne sa propre motivation ni ses intentions réelles. L'inconscient psychanalytique introduit un personnage, un autre moi dans la personne, pour rendre compte du corps, de l'instinct et du caractère desquels les hommes ont pourtant toujours su s'accommoder. En lui accordant une logique de pensée propre, la psychiatrie rend l'inconscient terrifiant et divise le sujet, lui imposant une puissance, tel un être insondable qui dominerait l'individu, sa volonté et sa raison. Or, pour Alain, **la pensée est volontaire** ; c'est toujours moi, je, qui pense, qui veut et qui agit. Je suis l'agent responsable, et tout autant de mon corps, lequel, n'étant pas mon *semblable*, ne peut porter mes incohérences, ma honte et mes regrets.

Contre ce monstre mythologique, qui prédestinerait l'homme à suivre des pulsions originelles et héréditaires, Alain conçoit l'inconscient comme **un mécanisme, celui du corps, qui n'est toujours qu'une hypothèse posée et donc non immuable**. Il reprend ainsi toute liberté et toute volonté à l'objet pour les rendre au sujet ; alors le corps redevient simple mécanique et entité énergétique, et le je, responsable de ses pensées.

LA RÉFLEXION PHILOSOPHIQUE COMME LIBÉRATION

Pour Alain, **la réflexion philosophique** est « une lutte contre les séductions et les apparences » (p. 141), elle permet de **briser les idoles et les fétiches, de libérer l'homme des créatures de son imagination**, cet « océan de fureur et de larmes ». Contre l'emprise des pulsions qui habitent l'inconscient et qui contraindraient les individus à reproduire les mêmes actions que leur père, Alain pense chaque homme comme un **recommencement** et non pas comme une répétition du passé. L'esprit est maitre de sa propre existence et accomplit sa liberté en se percevant, se réfléchissant lui-même comme un être nouveau, **une nouvelle possibilité** de réaliser ce que les anciens n'ont pu devenir. En ce sens, il est bien leur héritier mais n'en est pas moins responsable de son avenir et des conséquences de son action sur les autres.

Alain ne réfute pas l'existence de l'inconscient, mais sa critique défend la volonté individuelle de même que le devoir de chaque homme de comprendre le corps et de le soumettre à sa raison. C'est grâce à son jugement que l'homme est sa propre détermination ; il doit défendre son propre bien et celui des autres contre les passions.

CONCLUSION

L'inconscient tel que le définit Alain dans les Éléments de philosophie est tout simplement **le corps, avec ses désirs, porteurs de fantasmes**. Il est un mécanisme simple que l'homme doit comprendre grâce à une perception claire, celle-ci étant conditionnée par l'exercice de son jugement. Une bonne perception permet de dépasser les apparences et de démasquer les esprits fabriqués par l'imagination ; elle est l'accès au monde par l'intermédiaire des lois qui le déterminent et qui en livrent un sens objectif. Voilà pourquoi la perception constitue pour Alain le **jugement et la connaissance**.

Sa conception de l'inconscient ne nie pas son existence, mais **critique celle qu'en a la psychanalyse**, ou encore l'usage qui en fait, selon Alain, un personnage mythologique, une créature qui contraint le sujet à un comportement et à des pensées qu'il ne pourrait ni contrôler, ni même soupçonner.

La **théorie de la perception** qu'Alain expose dans ses *Éléments de philosophie* soutient sa critique de la psychanalyse en ce qu'il considère que la notion d'inconscient constitue un obstacle à la liberté individuelle. Le monstre que représente l'inconscient doit en effet être examiné en tant qu'objet plutôt que comme un sujet étranger au moi : en effet, pour être libre, l'homme doit être responsable de ses pensées et de ses actions. La philosophie d'Alain influencera profondément ceux qui, jadis au nombre de ses étudiants, deviendront d'importants penseurs de leur temps, tels que Jean-Paul Sartre (1905-1980), Raymond Aron (1905-1983),

Simone Weil ou encore, dans le domaine de l'épistémologie et de la philosophie des sciences, Georges Canguilhem (1904-1995). Il leur aura résolument transmis sa volonté de défendre la liberté et le devenir individuels face à toutes les formes d'oppression.

Votre avis nous intéresse !
Laissez un commentaire sur le site de votre librairie en ligne
et partagez vos coups de cœur sur les réseaux sociaux !

POUR ALLER PLUS LOIN

ÉDITION DE RÉFÉRENCE

- ALAIN, *Éléments de philosophie*, Paris, Gallimard, 1941.

ÉTUDES DE RÉFÉRENCE

- CLÉMENT (Élisabeth) *et alii*, *La Philosophie de A à Z*, Paris, Hatier, 2000.
- LALANDE (André), *Vocabulaire technique et critique de la philosophie*, Paris, PUF, 2002.

Rendez-vous sur lepetitphilosophe.fr et découvrez :

Plus de 1200 analyses
Claires et synthétiques
Téléchargeables en 30 secondes
À imprimer chez soi

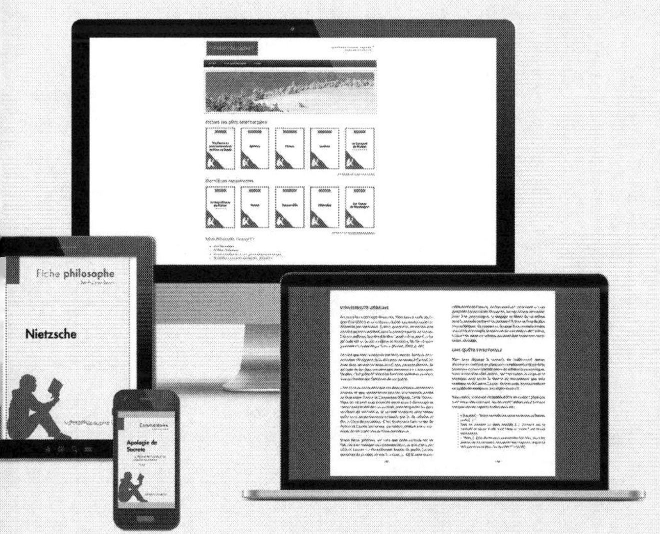

L'éditeur veille à la fiabilité des informations publiées, lesquelles ne pourraient toutefois engager sa responsabilité.

www.lepetitphilosophe.fr

ISBN version numérique : 978-2-8062-5686-7
ISBN version papier : 978-2-8062-5687-4
Dépôt légal : D/2017/12603/555

Conception numérique : Primento,
le partenaire numérique des éditeurs.

Made in the USA
Monee, IL
07 July 2026

56545991R00017